My name is
i am
this is me
years old
my favourite

Other popular books by
"Md Rubel Press Publishing"

count and trace

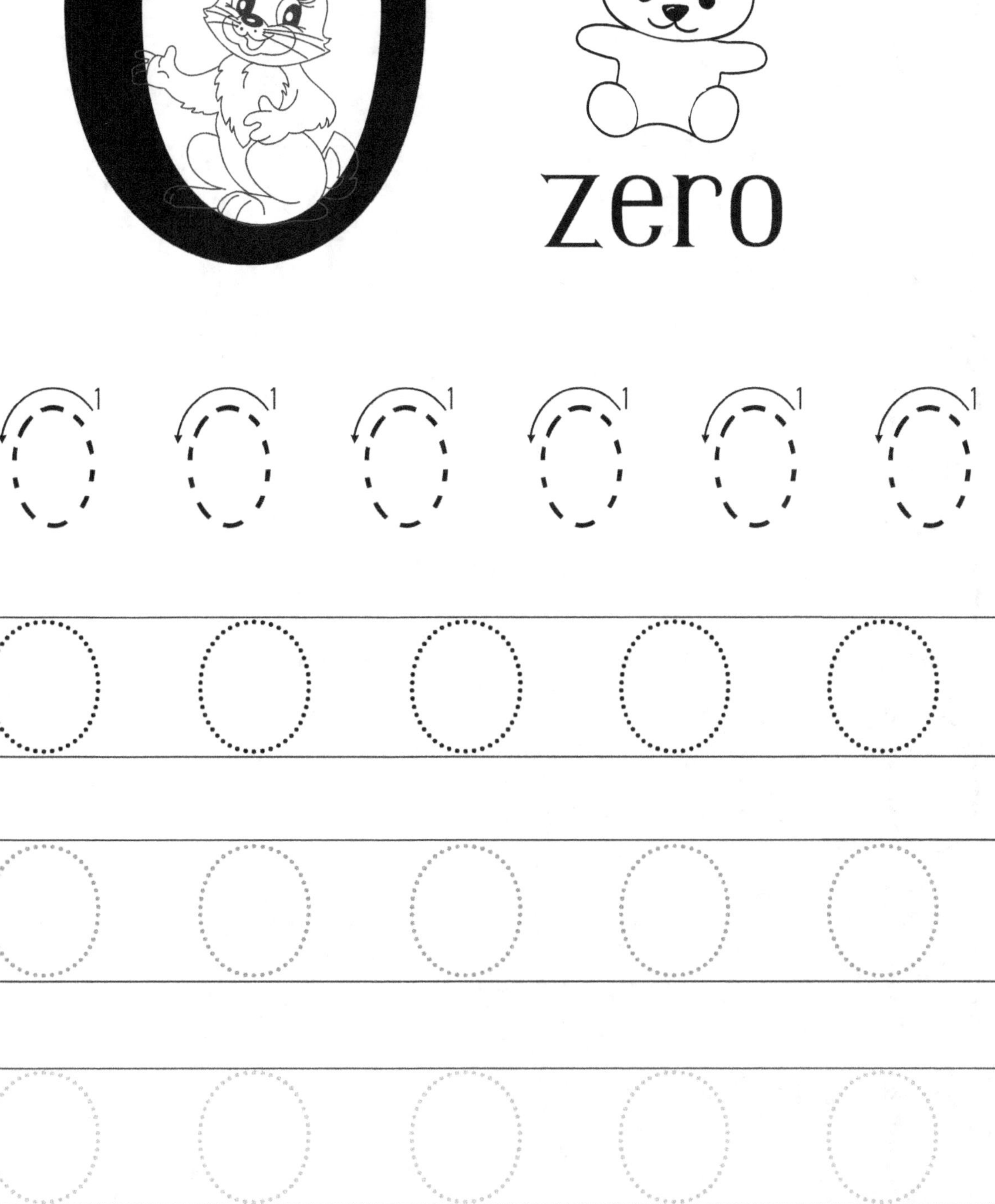

zero

Practice

count and trace

1
one

Practice

1 | 1 1 1 1 1 1 1 1 1 1

1 | 1 1 1 1 1 1 1 1 1 1

1 | 1 1 1 1 1 1 1 1 1 1

1 | 1 1 1 1 1 1 1 1 1 1

1 | 1 1 1 1 1 1 1 1 1 1

1 |

1 |

1 |

count and trace
2
two

2
2
2
2
2
2
2
2
2
2
2

count and trace
three

Practice

four

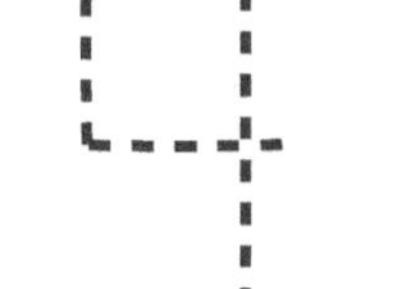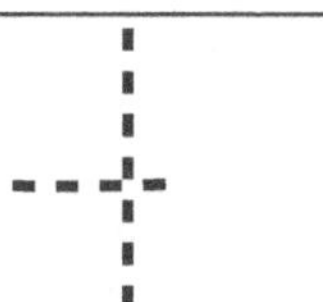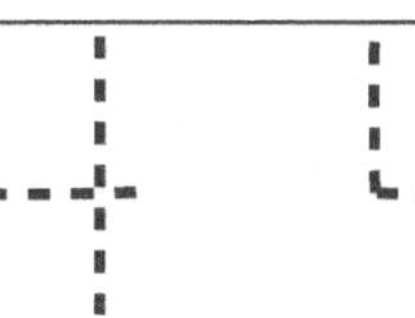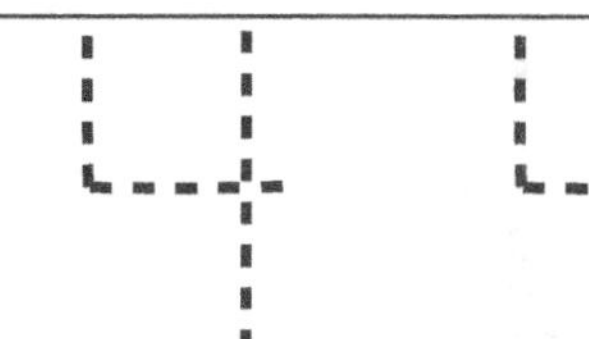

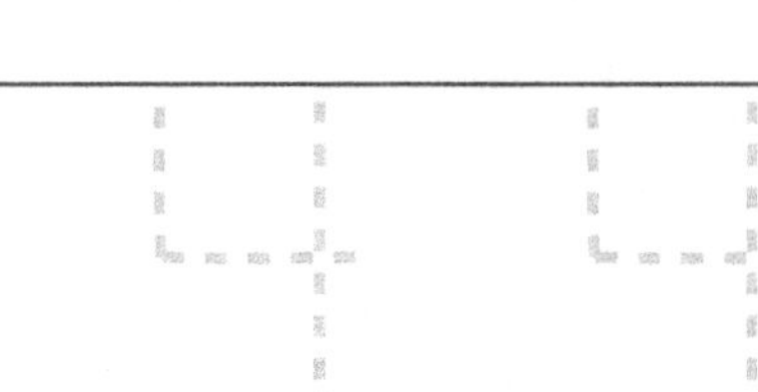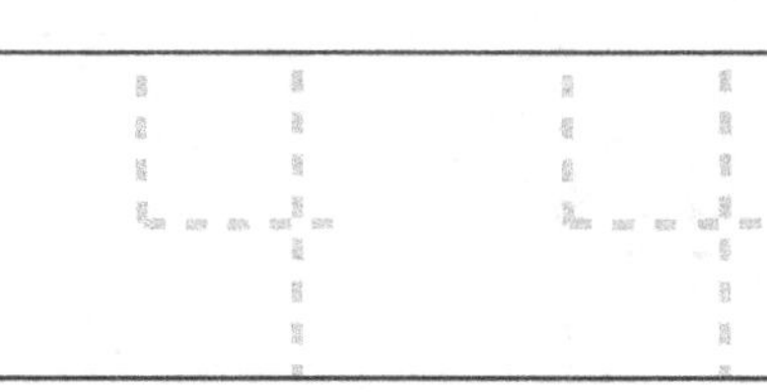

Practice

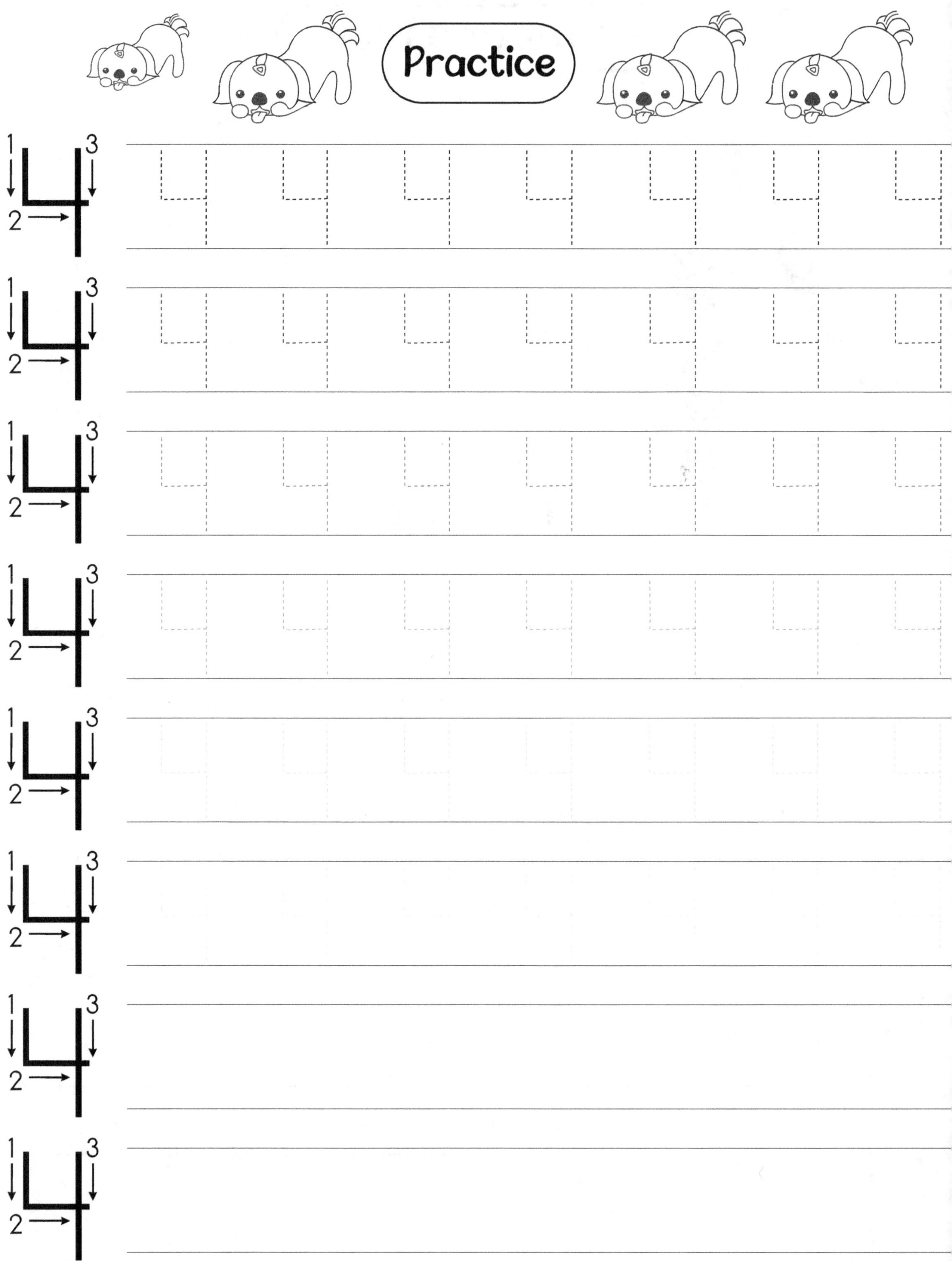

count and trace

five

Practice

5
5
5
5
5
5
5
5
5
5
5

5

5

5

5

5

5

5

5

5

5

5

5

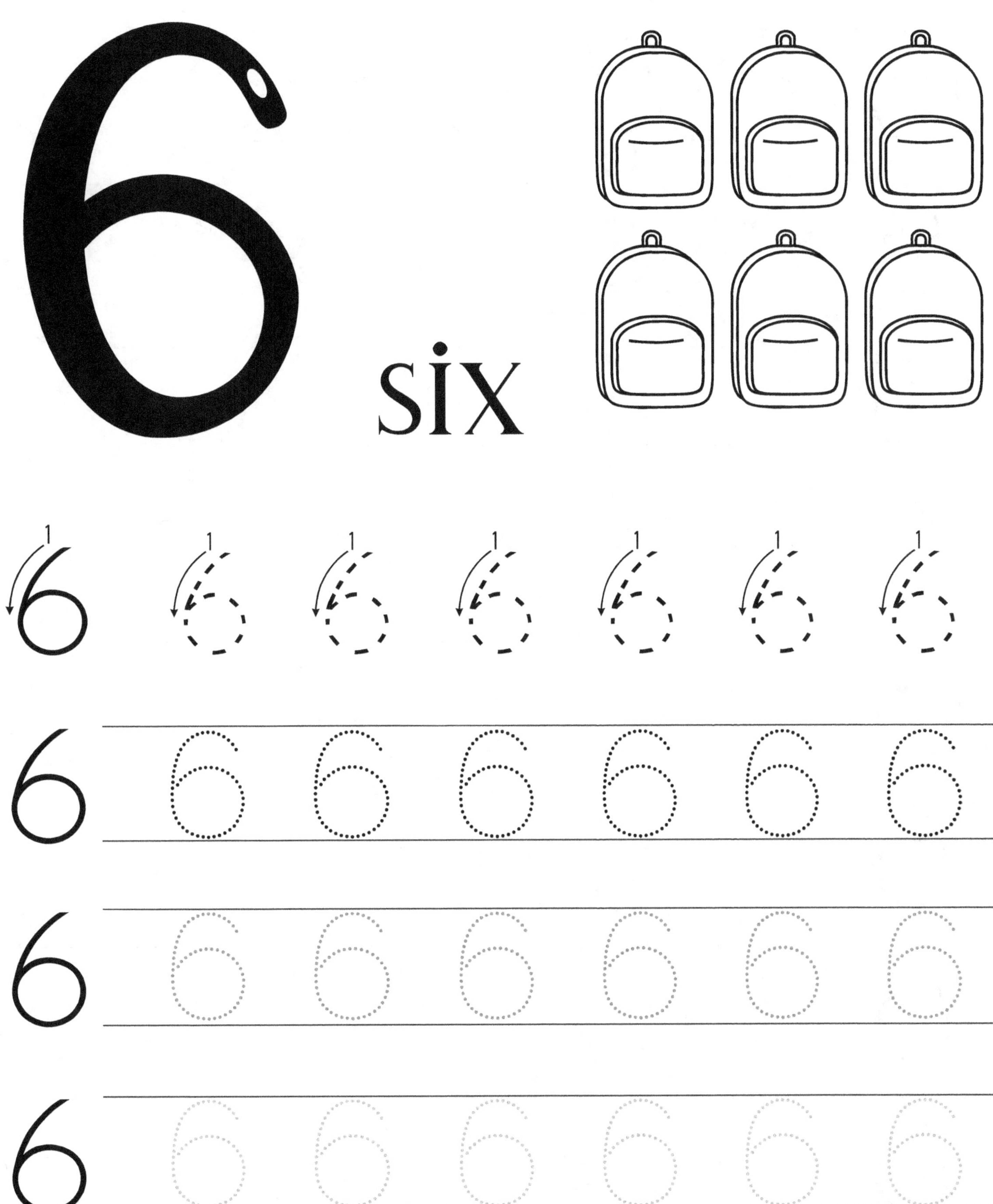

count and trace
6
six

count and trace

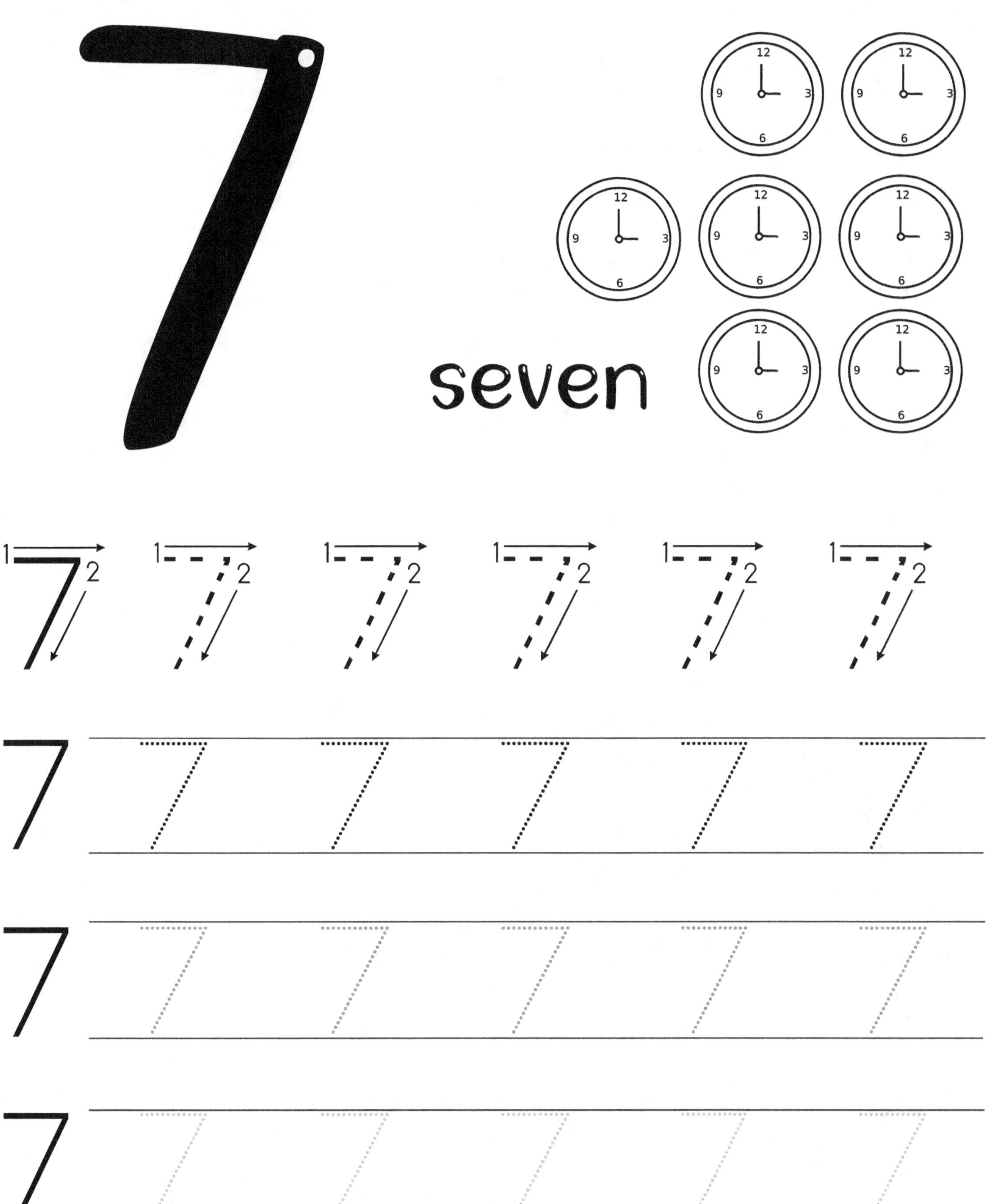
seven

eight

count and trace

9 nine

9 9 9 9 9 9 9

9 9 9 9 9 9 9

9 9 9 9 9 9 9

9 9 9 9 9 9 9

9 9 9 9 9 9 9

9

9

9

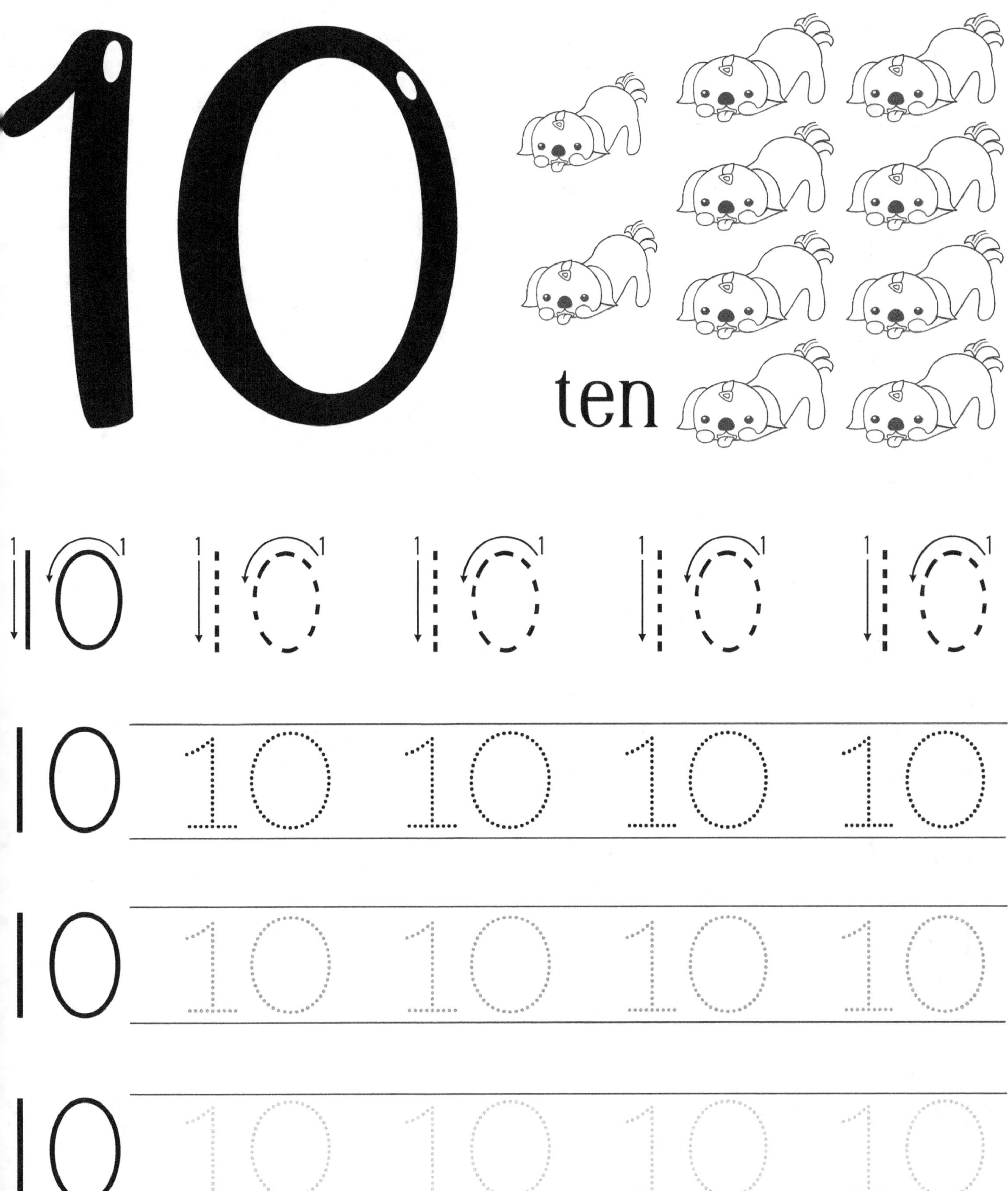

count and trace

10
ten

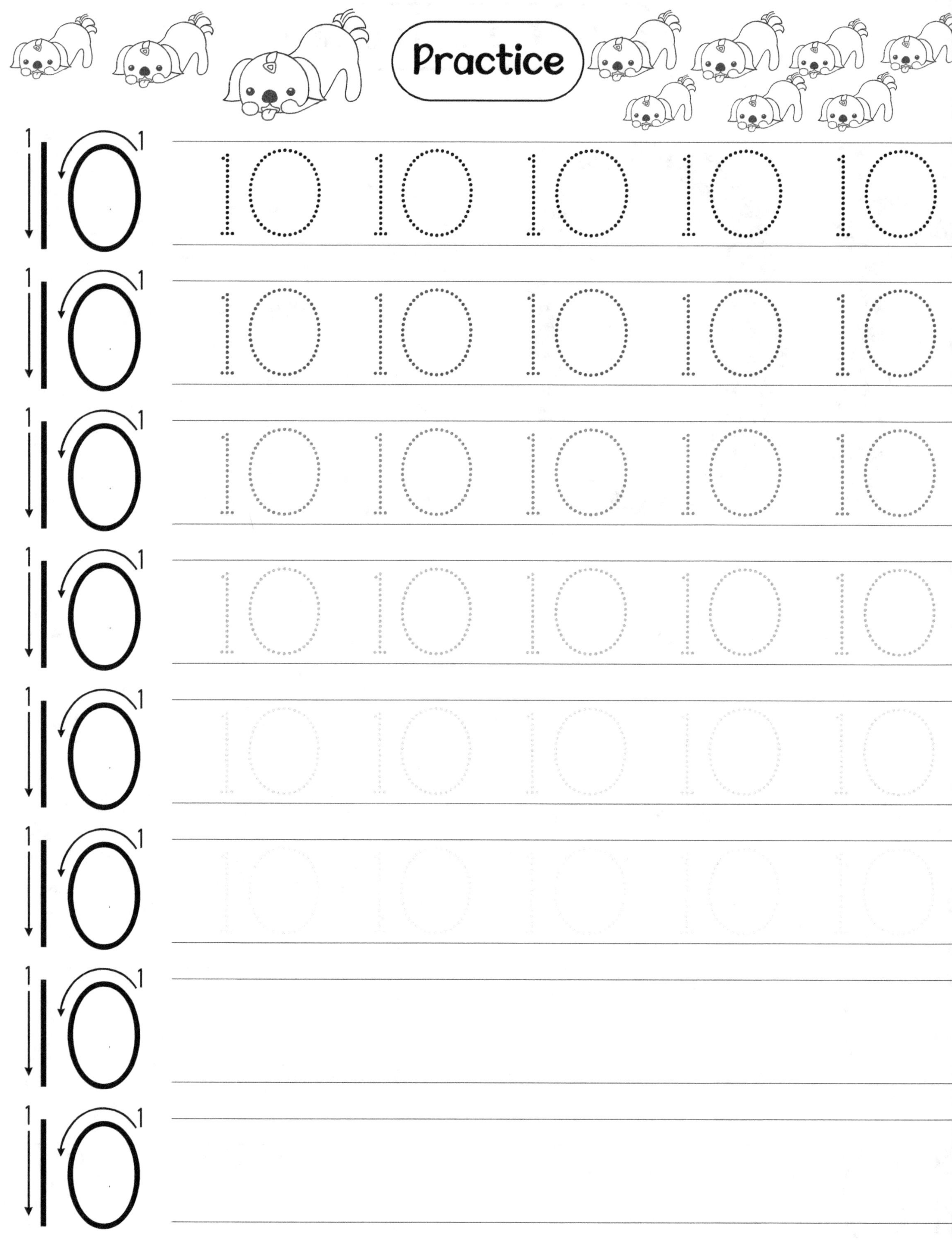

10

10

10

10

10

10

10

10

10

10

10

10

10

10

10

10

10

10

10

10

10

10

10

Tracing Numbers

Tracing Numbers

Tracing Numbers

Tracing Numbers

Tracing Numbers

Tracing Numbers

Tracing Numbers

Tracing Numbers

Tracing Numbers

Tracing Numbers

Practice

1
2
3
4
5
6
7
8
9
10

1 | 1 1 1

2 | 2 2 2

3 | 3 3 3

4 | 4 4 4

5 | 5 5 5

6 | 6 6 6

7 | 7 7 7

8 | 8 8 8

9 | 9 9 9

10 | 10 10 10

Tracing Numbers

Tracing Numbers

count

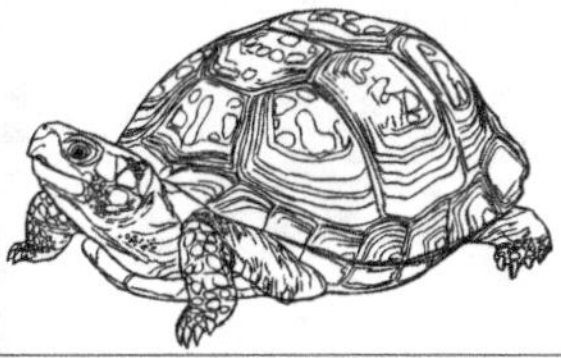	=
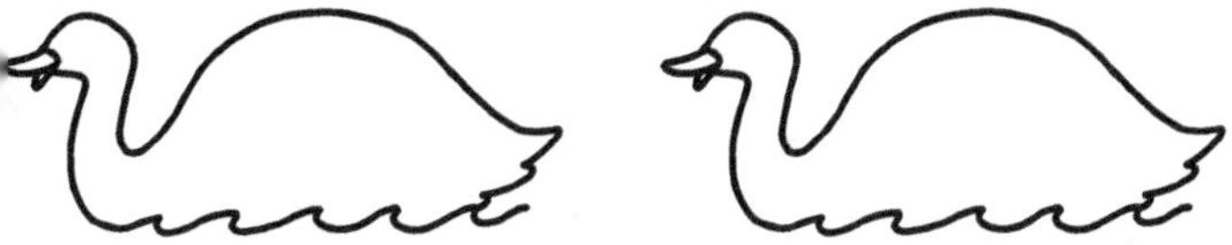	=
	=
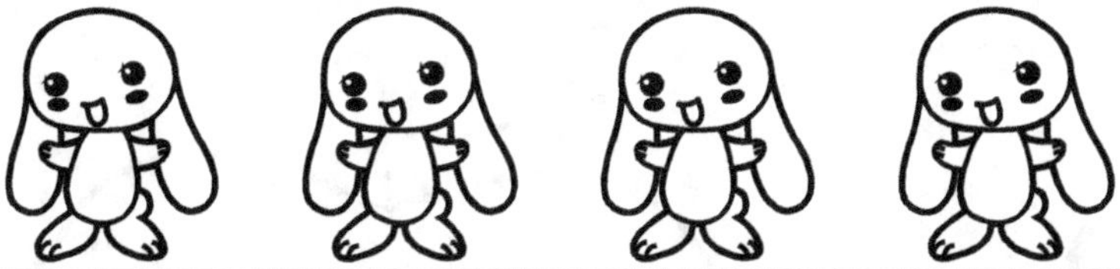	=
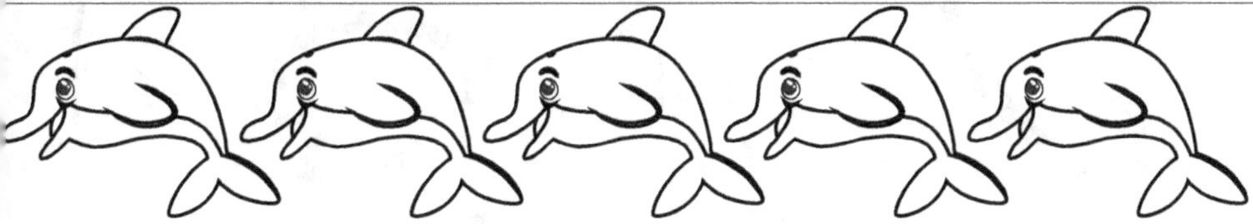	=
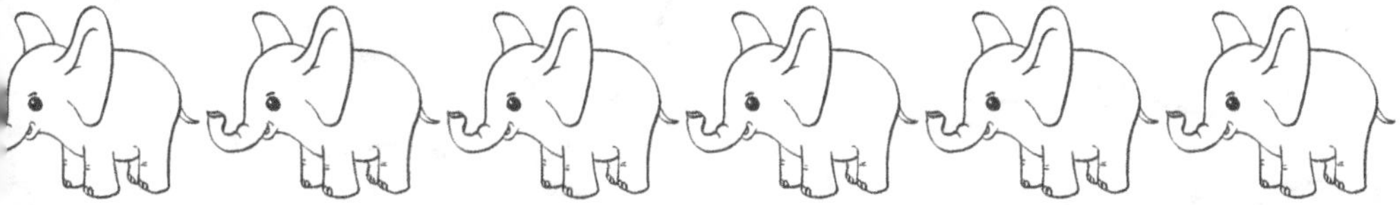	=
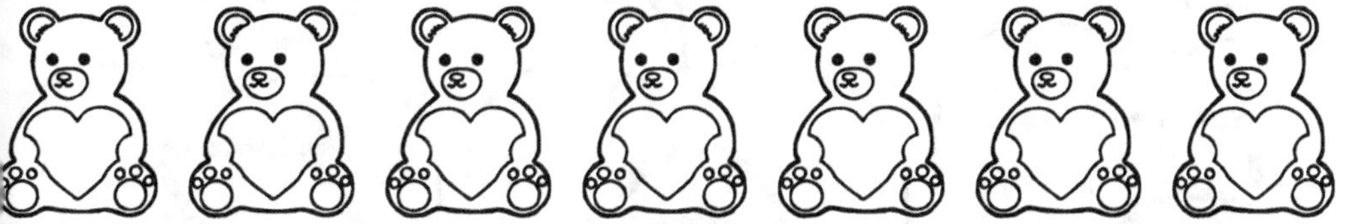	=
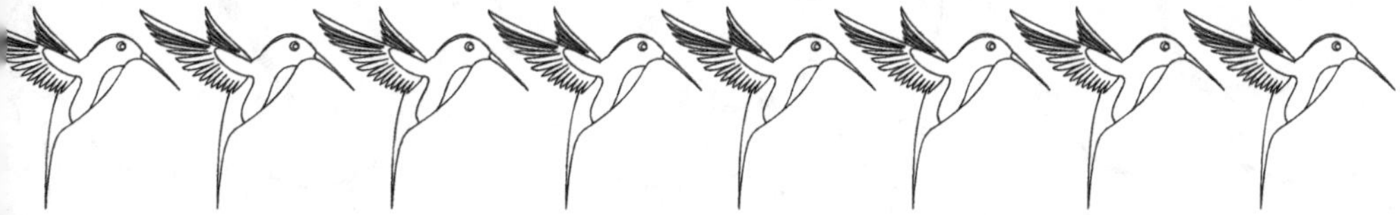	=
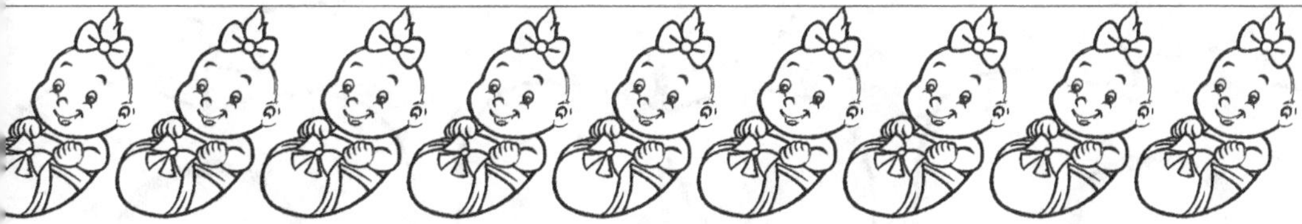	=
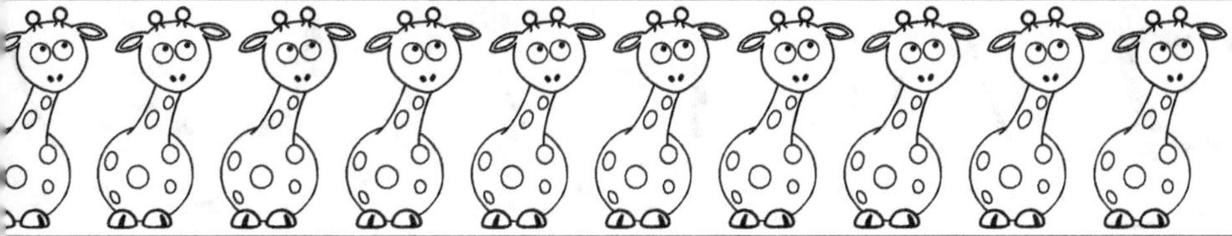	=

0
1 2 3
4 5 6 7
8 9 10

Write each Missing Numbers

Count and Match

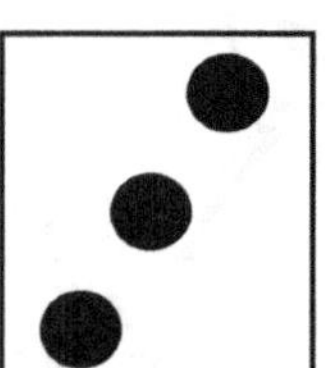
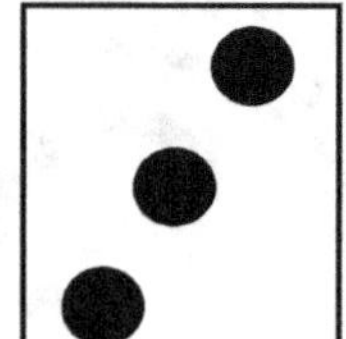
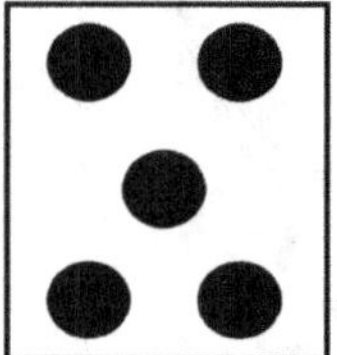
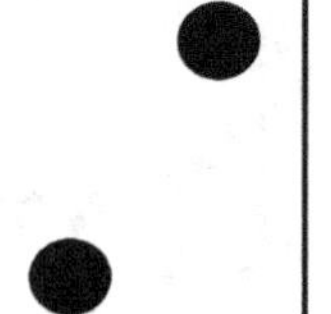
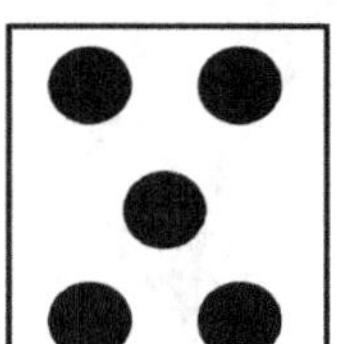
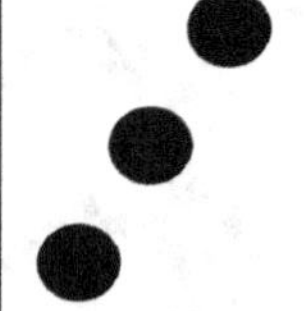
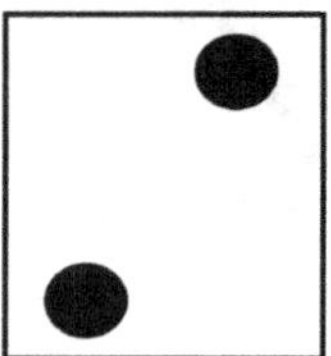
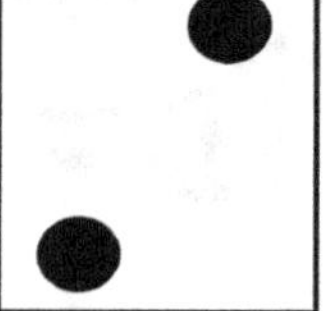
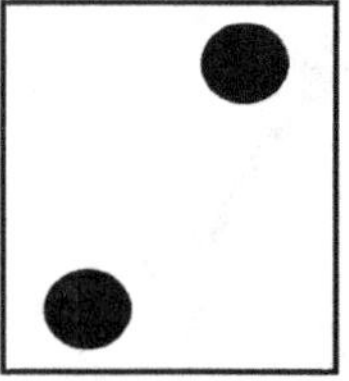

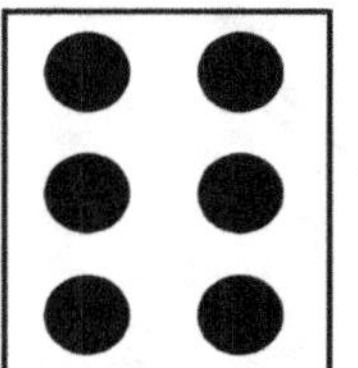
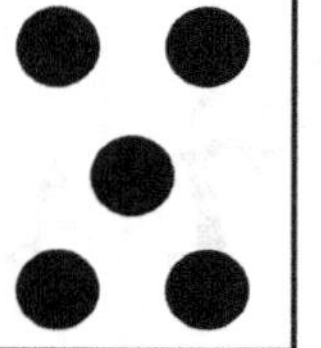
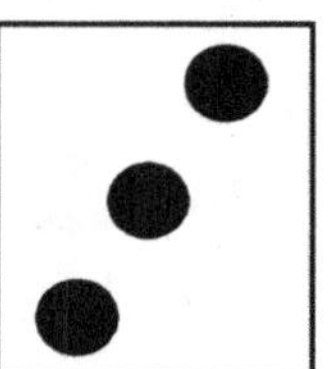
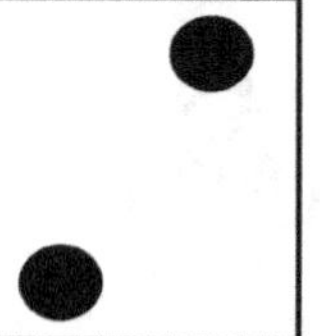

4
8
5
6
2
7
3
9